Theo Tino Grötschel

Bilanzpolitik

Theoretische und empirische Grundlagen

GRIN Verlag

Bibliografische Information der Deutschen Nationalbibliothek:

Die Deutsche Bibliothek verzeichnet diese Publikation in der Deutschen National-
bibliografie; detaillierte bibliografische Daten sind im Internet über http://dnb.d-
nb.de/ abrufbar.

Impressum:

Copyright © 2009 GRIN Verlag GmbH
Druck und Bindung: Books on Demand GmbH, Norderstedt Germany
ISBN: 978-3-640-73252-4

Dieses Buch bei GRIN:

http://www.grin.com/de/e-book/156780/bilanzpolitik

GRIN - Your knowledge has value

Der GRIN Verlag publiziert seit 1998 wissenschaftliche Arbeiten von Studenten, Hochschullehrern und anderen Akademikern als eBook und gedrucktes Buch. Die Verlagswebsite www.grin.com ist die ideale Plattform zur Veröffentlichung von Hausarbeiten, Abschlussarbeiten, wissenschaftlichen Aufsätzen, Dissertationen und Fachbüchern.

Besuchen Sie uns im Internet:

http://www.grin.com/

http://www.facebook.com/grincom

http://www.twitter.com/grin_com

Theo Tino Grötschel   Berlin, den 21.07.09

Seminarthema

Bilanzpolitik

Thema des Referats

Bilanzpolitik - Theoretische und empirische Grundlagen

Inhaltsverzeichnis Seite

1. Einleitung

„Aus einer Analyse des Konzernabschlusses der Babcock Borsig AG gehe hervor, dass der Maschinen- und Anlagenbauer sein Eigenkapital offenbar massiv "schön gerechnet" hat. Aus einem Minus von mindestens 45 Millionen Mark wurde dank geschickter Bilanzpolitik ein Plus von 201 Millionen Mark. Nach den internationalen Rechnungsstandards IFRS[1] und US-GAAP[2] wäre ein negatives Eigenkapital von minus 289 Millionen Mark herausgekommen."[i]

Was genau verbirgt sich hinter dem Begriff Bilanzpolitik? Welche formalen und materiellen Gestaltungsmöglichkeiten stehen im Rahmen der Erstellung des Jahresabschlusses zur Verfügung? Wie können bilanzpolitische Maßnahmen empirisch überprüft werden? Das vorliegende Referat soll Aufschluss über wesentliche bilanzpolitische Grundlagen geben.

2. Theoretische Grundlagen

Die Unternehmensführung ist für gewöhnlich daran interessiert, ihr Unternehmen in der Öffentlichkeit möglichst positiv zu präsentieren. Um die vorgegebenen Ziele erreichen zu können, werden die verschiedenen Anspruchsgruppen häufig bewusst und zweckorientiert beeinflusst. Als Bestandteil der Unternehmenspolitik soll auch die Bilanzpolitik, oft auch *Creative Accounting* oder *Earnings Management* bezeichnet, einen Beitrag hierzu leisten.[ii] Hinter dem Begriff verbergen sich üblicherweise alle legalen Maßnahmen, die ein Bilanzierender im Rahmen der Erstellung des Jahresabschlusses ergreifen kann, um Informationen über Vermögens-, Finanz- und Ertragslage des Unternehmens inhaltlich und formal so zu gestalten, dass bei verschiedenen Adressaten bestimmte Reaktionen hervorgerufen oder aber vermieden werden.[iii] Bilanzpolitik ist immer abhängig von den Zielen eines Unternehmens und greift auf Gestaltungsspielräume der Rechnungslegung zurück.[iv] Letztlich spiegelt die Bilanzpolitik eines Unternehmens die generelle Ausrichtung des Bilanzierenden bei der Nutzung so genannter Ausweis-, Gliederungs- und Erläuterungswahlrechten, auch als formale Bilanzpolitik bezeichnet, sowie im Weiteren die Anwendung von Bewertungswahlrechten, Ermessensspielräumen und Sachverhalts- gestaltungen wider.[v] Zu den wesentlichen Aufgaben von Finanzanalysten und Wirtschaftsprüfern gehört es daher, bilanzpolitische Manipulationen zu erkennen und die tatsächlichen wirtschaftlichen Verhältnisse eines Unternehmens offen zu legen.[vi]

---

[1] IFRS - International Financial Reporting Standards, internationale Rechnungslegungsvorschriften

[2] US-GAAP - United States Generally Accepted Accounting Principles, Rechnungslegungsgrundsätze der Vereinigten Staaten

2.1 Bilanzpolitische Maßnahmen

Bilanzpolitische Maßnahmen lassen sich zunächst in Sachverhaltsgestaltung und Sachverhaltsabbildung unterteilen, wobei sich die Aufteilung am Bilanzstichtag orientiert.[vii] Unter Sachverhaltsgestaltung, auch als reale Bilanzpolitik bezeichnet, sind in erster Linie Maßnahmen zu verstehen, die ökonomische Realitäten in Bezug auf ihre darstellende Wirkung - die zeitliche und sachliche Gestaltung von Geschäftsvorfällen - beeinflussen. Maßnahmen dieser Art finden vor dem Bilanzstichtag statt.[viii] Klassische Beispiele sind das Erhöhen oder Reduzieren von Auszahlungen, die sich sofort auf den Gewinn auswirken, wie beispielsweise Ausgaben für Forschung und Entwicklung, Werbung oder Weiterbildung. Da die Unternehmensführung fortwährend geschäftliche Entscheidungen treffen muss, bietet sich hier ein breites Spektrum an Einflussmöglichkeiten.[ix]

Unter Sachverhaltsabbildung, auch buchmäßige Bilanzpolitik genannt, werden alle bilanzpolitischen Instrumente zusammengefasst, mit denen Ansatz, Bewertung sowie Darstellung vorgegebener Geschäftsvorfälle im Jahresabschluss beeinflusst werden können.[x] Diese beziehen sich auf bereits getätigte Transaktionen, daher wird auch von Bilanzpolitik nach dem Bilanzstichtag gesprochen.[xi] Gewöhnlich werden zwei Bereiche, die materielle sowie die formelle Bilanzpolitik, unterschieden. Letztere befasst sich mit der Form der Darstellung der Vermögens-, Finanz- und Ertragslage im Jahresabschluss, ohne dabei Einfluss auf das Periodenergebnis oder die absolute Höhe des Eigenkapitals zu haben. Zu den wichtigsten Maßnahmen nach dem HGB[3] zählen Erläuterungswahlrechte, Ausweiswahlrechte und Gliederungswahlrechte.[xii]

Die materielle Bilanzpolitik beeinflusst durch zielgerichtetes Bilanzieren und Bewerten von Geschäftsvorfällen die Höhe des ausgewiesenen Jahresabschlusses. Im Wesentlichen wird dabei zwischen verschiedenen Wahlrechten und Ermessungsspielräumen unterschieden.[xiii] Ein Wahlrecht besteht immer dann, wenn sich aus einem gegebenen Tatbestand mindestens zwei sich gegenseitig ausschließende Rechtsfolgen ableiten lassen.[xiv] Wahlrechte lassen sich in explizite, folglich gesetzlich festgelegte, und faktische, d.h. nicht ausdrücklich an gesetzliche Normen geknüpfte, Regelungen differenzieren.[xv] Ermessensspielräume hingegen entstehen immer dann, wenn Ansatz oder Bewertung von Vermögenswerten zwar durch eine entsprechende Rechtsnorm geregelt sind, die Methode zur Bestimmung betreffender Vermögenswerte jedoch offen bleibt. Die Bilanzierung eines wirtschaftlichen Sachverhaltes basiert in diesem Fall auf der subjektiven Einschätzung des Unternehmens. Beispiele für Maßnahmen der materiellen Bilanzpolitik sind Bilanzansatz- und Bewertungswahlrechte sowie Individual- und Verfahrensspielräume.[xvi]

Bilanzpolitische Maßnahmen können allerdings nur dann die gewünschte Reaktion bei den Adressaten auslösen, wenn sie nicht entschlüsselt werden können. Offensichtliche Maßnahmen tragen daher nicht zur Beeinflussung des Verhaltens bei, im Gegenteil, es besteht die begründete Gefahr, dass von ihnen auf weitere, bisher nicht erkennbare

---

[3] HGB – Handelsgesetzbuch, hier die §§ 247, 265, 268, 272, 274, 277, 281, 284, 285

bilanzpolitische Absichten geschlossen werden kann. Entscheidend für den Erfolg der Bilanzpolitik eines Unternehmens sind letztlich Auswahl und Qualität der bilanzpolitischen Instrumente.[xvii]

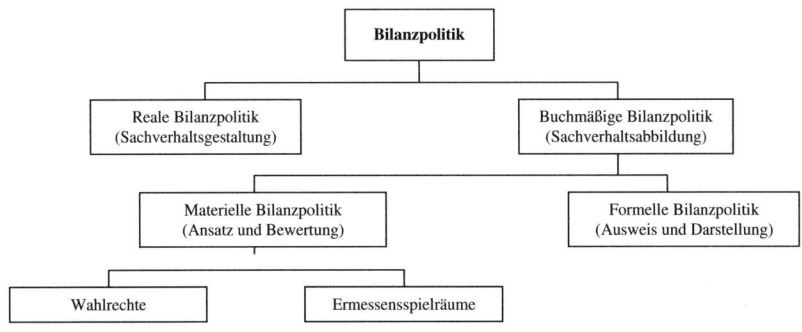

Abbildung 1: Bilanzpolitische Instrumente

2.2 Ziele der Bilanzpolitik

Prinzipiell orientieren sich die bilanzpolitischen Ziele eines Unternehmens an den Erwartungen der unterschiedlichen Anspruchsgruppen, zum Beispiel Eigentümer, Unternehmensführung, Finanzbehörden, Öffentlichkeit etc.[xviii], und sind an den beiden Hauptfunktionen des Jahresabschlusses, der Zahlungsbemessungs- und der Informationsfunktion, ausgerichtet. Bilanzpolitik soll im Allgemeinen dazu dienen, die Bilanzadressaten in ihren Entscheidungen zu beeinflussen und die finanziellen Ziele des Unternehmens zu erreichen, letztlich sollen aber auch die persönlichen Ziele der Unternehmensführung mit Hilfe bilanzpolitischer Maßnahmen durchgesetzt werden.[xix] Eine grobe Unterteilung kann in finanzpolitische oder informationspolitische Ziele erfolgen.[xx] Finanzpolitische Ziele können beispielsweise in der Reduzierung der Steuerbelastung oder aber im Zusammenhang mit gesetzlich und vertraglich garantierten Zahlungsansprüchen, wie Gewinnausschüttungen oder Bonuszahlungen, bestehen.[xxi] Übergeordnetes Ziel all dieser Maßnahmen ist es, die Zahlungsfähigkeit und damit das Überleben des Unternehmens auf Dauer sicherzustellen.[xxii]

Informationspolitische Ziele hingegen können auch nicht-ökonomischer Natur sein und zum Beispiel ethische und soziale Absichten widerspiegeln. Der veröffentlichte Jahresabschluss kann in diesem Zusammenhang als das "Aushängeschild" eines Unternehmens betrachtet werden. Als solcher dient er nicht nur dem Erhalt von Investorenbeziehungen, sondern wird gleichzeitig zu einem wichtigen Element der Öffentlichkeitsarbeit. Prinzipiell lassen sich zwei informationspolitische Grundrichtungen benennen, die aktive und passive Publizitätspolitik.[xxiii] Letztere beschränkt sich auf die Pflichtelemente des Jahresabschlusses und erfüllt lediglich die gesetzlichen Mindestanforderungen. Mit aktiver Publizitätspolitik versucht ein Unternehmen dagegen sein Image zu steigern, indem der Jahresabschluss um zusätzlich Auskünfte, wie beispielsweise wertorientierte Performance-Berichte oder Sozialbilanzen, ergänzt wird.[xxiv]

Ausgangspunkt für bilanzpolitische Ziele sind stets die allgemeinen Unternehmensziele, aus denen sich - bei gleichzeitiger Wahrung aller rechtlichen Ansprüche - die Einzelziele des meist heterogenen Adressatenkreises ableiten müssen.[xxv] Da aufgrund unterschiedlicher Interessen Zielkonflikte vorprogrammiert sind, wird die Unternehmensführung im Normalfall einen Kompromiss zwischen den einzelnen Zielen anstreben.[xxvi]

2.3 Wirkung und Grenzen von Bilanzpolitik

Die Wirkung bilanzpolitischer Maßnahmen hängt vor allem davon ab, inwieweit diese für die jeweiligen Bilanzadressaten erkennbar sind. Wie bereits erwähnt, zielen bilanzpolitische Maßnahmen auf eine Beeinflussung des ausgewiesenen Gewinns ab, dabei kann das Resultat Ergebnismindernd, -erhöhend oder -glättend sein.[xxvii]

Zu Ergebnismindernder Bilanzpolitik kommt es häufig dann, wenn Tarifverhandlungen anstehen oder aber das Unternehmen beabsichtigt, eigene Aktien zurückzukaufen. Zumeist führen dann außerplanmäßige Abschreibungen oder Restrukturierungsrückstellungen zu einer Minimierung des ausgewiesenen Betriebsergebnisses.[xxviii] Der Vorteil dieser häufig auch als *"big bath"* bezeichneten Vorgehensweise liegt darin, dass infolge des Kongruenzprinzips[xxix] die Betriebsergebnisse kommender Geschäftsjahre relativ betrachtet besser ausfallen können.[xxx]

Ergebniserhöhende Maßnahmen bewirken, dass das Unternehmen insgesamt positiver dargestellt wird. Dies ist beispielsweise der Fall, wenn die Unternehmensführung den Eigenkapitalanteil erhöhen will und dafür auf Kredite angewiesen ist. Gleiches trifft auf geplante Unternehmenszusammenschlüsse und sonstige Finanztransaktionen, die zu einer Erhöhung des Aktienkurses führen sollen, zu.[xxxi]

Sollen hingegen in erfolgreichen Geschäftsjahren Dividenden oder Steuerzahlungen verringert, oder umgekehrt verhindert werden, die finanzielle Lage eines Unternehmens infolge eines geringer ausgefallenen Betriebsergebnisses als instabil zu bewerten, müssen bilanzpolitischer Maßnahmen eine Ergebnisglättende Wirkung haben. Erreicht wird dieses durch die Bildung, respektive die Auflösung stiller Reserven.[xxxii] Insgesamt führen Maßnahmen dieser Art zu einer geringeren Volatilität, die zum Beispiel potenzielle Investoren dazu veranlassen soll, günstigere Kreditkonditionen zu vergeben.[xxxiii]

Die Möglichkeiten der Bilanzpolitik werden durch gesetzliche Vorgaben und Rechtsvorschriften weitestgehend definiert. Allerdings gibt es, insbesondere im Bereich der formellen Bilanzpolitik, Grauzonen, die sich durch nachlassende gesetzliche Konkretisierung auszeichnen, und folglich nicht eindeutig geregelt sind.[xxxiv] Zudem sind Aktivierungs- und Passivierungswahlrechte nur zum Teil frei wählbar und meist an bestimmte Tatbestände und Voraussetzungen geknüpft. Bei mittelgroßen und großen

Kapitalgesellschaften können Ermessensspielräume ohnehin durch gesetzlich vorgeschrieben Jahresabschlussprüfer eingeschränkt werden. Angesichts umfangreicher Erklärungspflichten für den Anhang des Jahresabschlusses werden bilanzpolitische Maßnahmen durchschaubar, was diese in ihrer Wirkung einschränkt.[xxxv] Letztlich ist die Grenze der Bilanzpolitik dort erreicht, wo gesetzliche und satzungsgemäße Regelungen bewusst missachtet werden und gegen Grundsätze der ordnungsgemäßen Buchführung verstoßen wird.

3. Empirische Grundlagen

Für Bilanzersteller und Bilanzadressaten ist der Jahresabschluss mit unterschiedlichen Ansprüchen verbunden. Erstgenannte wollen durch den gezielten Einsatz bilanzpolitischer Mittel eine gewünschte Reaktion bei den Bilanzadressaten zu erzielen, wohingegen diese bestrebt sind, ein möglichst realistisches Bild des Unternehmens zu erhalten. Daher ist es wichtig, bilanzpolitische Maßnahmen erkennen und verstehen zu können.[xxxvi] Informationen über den tatsächlichen Zustand eines Unternehmens können oft nur über Schätzverfahren erlangt werden, da sich der Einfluss bilanzpolitische Maßnahmen nicht unmittelbar quantifizieren lässt. Allerdings werden dadurch empirische Untersuchungen erheblich erschwert.[xxxvii] Exemplarisch sollen nachfolgend einige Methoden zur empirischen Erfassung von Bilanzpolitik vorgestellt werden.

3.1 Methoden und Modelle

Als Indikatoren für Bilanzpolitik bieten sich die Periodenabgrenzung[xxxviii] und die Verteilung des Gewinns an. Die Periodenabgrenzung kann beispielsweise über die Differenz zwischen Gewinn und Cashflow aus der laufenden Geschäftstätigkeit ermittelt werden.[xxxix] Die Abweichung zwischen dem Cashflow aus der operativen Geschäftstätigkeit und dem ausgewiesenen Gewinn resultiert aus der vorgeschriebenen periodengerechten Abgrenzung der Erträge und Aufwendungen. Der Umfang bilanzpolitischer Maßnahmen kann durch den Vergleich mit einem Referenzwert erkannt werden. Dazu muss der Gesamtbetrag der Periodenabgrenzung in einen "normalen" und einen "diskretionären" Teil aufgeschlüsselt werden. Das kann mit Hilfe verschiedener Modelle, die im Folgenden kurz vorgestellt werden, erfolgen.[xl]

Durchschnittsbildung: Dieses Modell wurde Mitte der 80er Jahre von Paul Helay entwickelt. Es geht davon aus, dass die normale Periodenabgrenzung einen Durchschnitt der gesamten Periodenabgrenzung über einen Zeitraum X darstellt.

Random Walk-Modell: Grundlage dieses Modells ist die Annahme, dass sich die normale Periodenabgrenzung nur unwesentlich verändert. Demzufolge entspricht die Bilanzpolitik der Differenz der Periodenabgrenzung zwischen zwei Perioden.

Jones-Modell: Das ursprüngliche Modell wurde Anfang der 90er Jahre von Jennifer Jones entwickelt. Danach wächst die normale Periodenabgrenzung entsprechend der wirtschaftlichen Entwicklung des Unternehmens.

Ingesamt bleibt festzuhalten, dass alle hier vorgestellten Modelle - unabhängig von ihren unterschiedlichen Ansätzen - vergangenheitsbasiert sind und nur eine vereinfachte Abbildung der Realität darstellen. Dennoch lassen sich damit gewisse Tendenzen erkennen, aus denen Hinweise auf bilanzpolitische Maßnahmen abgeleitet werden können.[xli]

Alternativ zur Abschätzung der Periodenabgrenzung lassen sich bilanzpolitische Maßnahmen mit Hilfe vordefinierter Gewinngrößen identifizieren. Ein großer Vorteil dieser Methode besteht darin, dass die Auswirkungen von Bilanzpolitik direkt und nicht über komplizierte Schätzverfahren ermittelt werden können. Auch ist es dadurch möglich, Rückschlüsse auf die Häufigkeit bilanzpolitischer Maßnahmen zu ziehen.[xlii] Eine besondere Bedeutung kommt dabei so genannten Schwellwerten zu, da diese häufig mit einer deutlichen Signalwirkung für viele Bilanzadressaten verbunden sind.[xliii] Umfragen zufolge können demnach drei wesentliche Elemente als wichtige Indikatoren für bilanzpolitische Maßnahmen im Zusammenhang mit dem ausgewiesenen Jahresergebnis angesehen werden. So werden das Erreichen des Vorjahresgewinns, das Erzielen eines positiven Ergebnisses sowie Analystenprognosen als Schwellwerte von hoher Relevanz betrachtet.[xliv] So spiegelt sich beispielsweise das finanzpolitische Ziel der Ergebnismaximierung häufig in der Wahrscheinlichkeit wider, ob ein Unternehmen einen - wenn auch nur geringen Gewinn - anstatt eines Verlustes erzielt.[xlv]

3.2 Empirische Belege

Das Vorkommen von Bilanzpolitik kann durch empirische Studien belegt werden. Dafür müssen zuvor Kenngrößen und Situationen identifiziert werden, die für eine Vielzahl von Unternehmen mit hoher Wahrscheinlichkeit Anreize für den Einsatz bilanzpolitischer Maßnahmen bieten. Auch wenn diese Studien wichtige Ergebnisse liefern, so ist ihre Erklärungskraft insgesamt relativ gering.[xlvi]

So ergab eine Studie aus den 90er Jahren, dass US-amerikanische Unternehmen, die zur Stärkung ihrer Marktposition Anträge auf Wettbewerbsbeschränkende Maßnahmen stellten, überwiegend Gewinnmindernde Bilanzpolitik betrieben hatten. Ziel dieses Vorgehens war es, die Chancen auf die Durchsetzung entsprechender Maßnahmen durch ein entsprechend schlechtes Jahresergebnis als Beleg für bestehende Wettbewerbsnachteile zu erhöhen. Die Untersuchungen zeigten, dass im Jahr der Entscheidung über Wettbewerbsbeschränkungen statistisch betrachtet deutlich schlechtere Ergebnisse erzielt worden sind.

Eine ähnliche Vorgehensweise konnte bei geplanten Börsengängen beobachtet werden, hier allerdings mit dem Unterschied, dass Eigentümer bestrebt sind, den Ausgabekurs ihrer Aktien möglichst hoch anzusetzen. Ein klarer Anreiz, die wirtschaftliche Situation des Unternehmens mit Hilfe Gewinnerhöhender Bilanzpolitik möglichst positiv darzustellen. Das Ergebnis einer Studie zeigte, das eine Vielzahl von Unternehmen in den Jahren nach dem Börsengang kontinuierlich sinkende diskretionäre Periodenabgrenzungen aufwiesen.

Weitere Ansatzpunkte bieten ergebnisabhängige Bonuszahlungen für Führungskräfte, auch als Bonushypothese bezeichnet, sowie bestimmte Vertragsklauseln, die beispielsweise im Zusammenhang mit Dividendenzahlungsrestriktionen und Kreditverträgen stehen. Darüber hinaus können aber auch Daten über außerplanmäßige Abschreibungen sowie Forschungs- und Entwicklungsausgaben für entsprechende Analysen herangezogen werden. [xlvii]

Einen guten Überblick über die praktische Nutzung bilanzpolitischer Maßnahmen vermittelt eine Studie der SEC[4], in der über zehn Jahre lang die Jahresabschlüsse börsennotierter Unternehmen analysiert worden sind.[xlviii] Daneben existiert eine Vielzahl weiterer Studien, auf die in Anbetracht des begrenzten Rahmens dieser Arbeit jedoch nur im Anhang verwiesen werden kann.[xlix]

4. Zusammenfassung

Hinter dem Begriff Bilanzpolitik verbergen sich Maßnahmen zur bewussten und zweckorientierten Beeinflussung von Bilanzadressaten und Rechtsfolgen, die überwiegend darauf abzielen, das Unternehmen aus Sicht des Managements möglichst positiv darzustellen. Voraussetzung dafür sind vom Gesetzgeber zugestandene Spielräume und Wahlrechte mit denen verschiedenste unternehmerische Zielsetzungen verfolgt werden können.

Das bilanzpolitische Instrumentarium wird in Maßnahmen zur Sachverhaltsgestaltung sowie Sachverhaltsabbildung unterteilt, wobei der Bilanzstichtag als Abgrenzung zwischen beiden dient. Im Bereich Sachverhaltsabbildung wird weiter zwischen materieller und formeller Bilanzpolitik unterschieden. Mit Hilfe empirischer Studien wird versucht, das Auftreten von Bilanzpolitik nachzuweisen. Diese Studien beziehen sich jedoch überwiegend auf den US-amerikanischen Markt. Mangels geeigneter Daten liegen für den deutschsprachigen Raum bisher nur sehr wenig verwertbare Erkenntnisse vor.[l]

---

[4] SEC- Securities and Exchange Commission, staatliche US-amerikanische Börsenaufsicht

Anmerkungen

[i] Vgl. o.V., Bilanz "schön gerechnet"?, Manager-Magazin, http://www.manager-magazin.de/geld/artikel/0,2828,33146,00.html, 28.07.1999

[ii] Vgl. Peemöller, V.: Bilanzanalyse und Bilanzpolitik, 3. Auflage, München, Gabler Verlag, 2003, S. 1

[iii] Vgl. Hommel, M.: Definition Bilanzpolitik, http://wirtschaftslexikon.gabler.de/Archiv/4104/bilanzpolitik-v1.html, 30.06.2009

[iv] Vgl. Zimmermann, R.-C.: Abschlussprüfer und Bilanzpolitik der Mandanten, 1. Auflage, München, Gabler Verlag, 2008, S. 64

[v] Vgl. Baetge, J.; Thiele, S.; Kirsch, H.-J.: Bilanzanalyse, 2. Auflage, Düsseldorf, IDW-Verlag GmbH, 2004, S. 33f

[vi] Vgl. Schredelseker, K.: Grundlagen der Finanzwirtschaft, 1. Auflage, München, Oldenbourg Wissenschaftsverlag, 2002, S. 314

[vii] Vgl. Küting, K.; Weber, C.-P.: Die Bilanzanalyse. Beurteilung von Abschlüssen nach HGB und IFRS, 8. Auflage, Stuttgart, Schäffer-Poeschel Verlag, 2006, S. 45

[viii] Vgl. Lachnitt, L.: Bilanzanalyse, 1. Auflage, München, Gabler Verlag, 2003, S. 68

[ix] Vgl. Wagenhofer, A.; Ewert, R.: Externe Unternehmensrechnung, 1. Auflage, Berlin, Springer Verlag, 2007, S. 200

[x] Vgl. Wohlgemuth, F.: IFRS: Bilanzpolitik und Bilanzanalyse, 1. Auflage, Berlin, Erich Schmidt Verlag, 2007, S. 67

[xi] Vgl. Zimmermann, R.-C.: a.a.O., S.72

[xii] Vgl. Küting, K.; Weber, C.-P.: a.a.O., S. 37

[xiii] Vgl. Wagenhofer, A.; Ewert, R.: a.a.O., S. 202

[xiv] Vgl. Küting, K.; Weber, C.-P.: a.a.O., S. 38

[xv] Vgl. Zimmermann, R.-C.: a.a.O., S. 72

[xvi] Vgl. Wagenhofer, A.; Ewert, R.: a.a.O., S. 202

[xvii] Vgl. Wohlgemuth, F.: a.a.O., S. 61. Vgl. Küting, K.; Weber, C.-P.: a.a.O., S.45

[xviii] Vgl. Küting, K.; Weber, C.-P.: a.a.O., S. 33

[xix] Vgl. Zimmermann, R.-C.: a.a.O., S. 67

[xx] Vgl. Lachnitt, L.: a.a.O., S. 63f

[xxi] Vgl. ders., S. 63

[xxii] Vgl. Freidank, C.-C.: Zielsetzung und Instrumente der Bilanzpolitik bei Aktiengesellschaften, in: Der Betrieb, 35.Jg., S. 337 - 343, 1982, S. 338

[xxiii] Vgl. Lachnitt, L.: a.a.O., S. 65

[xxiv] Vgl. ders., S. 65

[xxv] Vgl. Küting, K.; Weber, C.-P.: a.a.O., S.33

[xxvi] Vgl. Peemöller, V.: a.a.O., S. 175

[xxvii] Vgl. Schredelseker, K.: a.a.O., S. 314

[xxviii] Vgl. Wagenhofer, A.; Ewert, R.: a.a.O., S. 206

[xxix] Nach dem **Kongruenzprinzip** entspricht die Summe der buchhalterischen Periodengewinne langfristig auch der Summe der Zahlungsüberschüsse. Die Bilanzpolitik eines Geschäftsjahres würde demnach eine gegenläufige Wirkung in den Folgejahren entfalten.

xxx   Vgl. Healy, P.; Wahlen, M.: A Review of Earnings Management Literature and Its Implications for Standard Setting, http://accounting.wharton.upenn.edu/Spring2006/acct920/ Healy & Wahlen 1999.pdf, 07.07.2009, S. 366

xxxi   Vgl. Zimmermann, R.-C.: a.a.O., S. 69

xxxii   Vgl. Wagenhofer, A.; Ewert, R.: a.a.O., S. 206f

xxxiii   Vgl. Trueman, B.; Titman, S.: An Explanation for Accounting Income Smoothing, in: Journal of Accounting Research, Vol. 26, S. 127-139, 1988

xxxiv   Vgl. Peemöller, V.: a.a.O., S. 202

xxxv   Vgl. Weber, J.: Einführung in das Rechnungswesen I Bilanzierung, 3. Auflage, Stuttgart, Schäffer-Poeschel Verlag, 1993, S. 252

xxxvi   Vgl. Wagenhofer, A.; Ewert, R.: a.a.O., S. 209f

xxxvii   Vgl. Healy, P.; Wahlen, M.: a.a.O, S. 368 - 370

xxxviii   Hinter **Periodenabgrenzung** verbirgt sich eine bestimmte Rechnungslegungsmethode. Nach dieser werden Einnahmen und Ausgaben erst dann erfasst, wenn sie erzielt werden oder anfallen, unabhängig vom Zeitpunkt des Zahlungsaus- /-eingangs. Entscheidend ist daher nicht die Zahlung des Ertrags oder des Aufwands, sondern die Zugehörigkeit zu einem bestimmten Geschäftsjahr. Vgl. http://www.onpulson.de/lexikon/grundsatz-der-periodenabgrenzung.htm vom 18.07.2009

xxxix   Vgl. Healy, P.; Wahlen, M.: a.a.O, S. 370

xl   Vgl. Wagenhofer, A.; Ewert, R.: a.a.O., S. 212 - 214

xli   Vgl. Zimmermann, R.-C.: a.a.O., S. 82 - 84

xlii   Vgl. Wagenhofer, A.; Ewert, R.: a.a.O., S. 220f

xliii   Vgl. Burgstahler, D.; Dichev, I.: Earnings management to avoid earnings decreases and Losses, in: Journal of Accounting and Economics, Vol. 24, S. 99-126, 1997,

xliv   Vgl. Nöldeke, M.: Expectations Guidance in Public Companies - An Examination of Management Forecast Disclosure in Germany and Switzerland, Zürich, Versus Verlag, 2007, S. 360f

xlv   Vgl. Zimmermann, R.-C.: a.a.O., S. 85

xlvi   Vgl. Wagenhofer, A.; Ewert, R.: a.a.O., S. 215

xlvii   Vgl. ders., S. 215 - 220

xlviii   Vgl. Feroz, E.H.; Park, K.; Pastena, V.S.: The Financial and Market Effects of the SEC's Accounting and Auditing Enforcement Releases, in: Journal of Accounting Research, Vol. 29, S. 107-142, 1991, S. 112

xlix   Vgl. Eisenberg, T.; Macey, J.: An Empirical Examination of Major Accounting Firms' Audits of Large Clients, http://scholarship.law.cornell.edu/cgi/viewcontent.cgi?article=1015&context= clsops_papers, 11.07.2009. Vgl. Fischer, T.; Wenzel, J.: Value Reporting - Ergebnisse einer empirischen Studie von börsennotierten deutschen Unternehmen, http://www.controlling.wiso.uni-erlangen.de/06_Forschung/Auswertungsberichte/Fischer_Wenzel_Value-Reporting_Auswertungsbericht.pdf, 07.07.2009. Vgl. Burgstahler, D.; Dichev, I.: a.a.O.. Vgl. Vgl. Healy, P.; Wahlen, M.: a.a.O..

l   Vgl. Wagenhofer, A.; Ewert, R.: a.a.O., S. 230

Literaturverzeichnis

Baetge, J.; Thiele, S.; Kirsch, H.-J.:	Bilanzanalyse, 2. Auflage, Düsseldorf, IDW-Verlag GmbH, 2004
Burgstahler, D.; Dichev, I.:	Earnings management to avoid earnings decreases and Losses, in: Journal of Accounting and Economics, Vol. 24, S. 99-126, 1997
Dechow, P., Sloan, R., Sweeney, A.:	Detecting Earnings Management, in: The Accounting Review, Vol. 70, S.193-225, 1995
Eisenberg, T.; Macey, J.:	An Empirical Examination of Major Accounting Firms' Audits of Large Clients, http://scholarship.law.cornell.edu/cgi/viewcontent.cgi?article=1015&context=clsops_papers, 11.07.2009
Feroz, E.H.; Park, K.; Pastena, V.S.:	The Financial and Market Effects of the SEC's Accounting and Auditing Enforcement Releases, in: Journal of Accounting Research, Vol. 29, S. 107-142, 1991
Fischer, T.; Wenzel, J.:	Value Reporting - Ergebnisse einer empirischen Studie von börsennotierten deutschen Unternehmen, http://www.controlling.wiso.uni-erlangen.de/06_Forschung/Auswertungsberichte/Fischer_Wenzel_Value-Reporting_Auswertungsbericht.pdf, 07.07.2009
Freidank, C.-C.:	Zielsetzung und Instrumente der Bilanzpolitik bei Aktiengesellschaften, in: Der Betrieb, 35.Jg., S. 337 - 343, 1982
Healy, P.; Wahlen, M.:	A Review of Earnings Management Literature and Its Implications for Standard Setting,http://accounting.wharton.upenn.edu/Spring2006/acct920/Healy%20&%20Wahlen%201999.pdf, 07.07.2009
Hommel, M.:	Definition Bilanzpolitik, http://wirtschaftslexikon.gabler.de/Archiv/4104/bilanzpolitik-v1.html, 30.06.2009
Küting, K.; Weber, C.-P.:	Die Bilanzanalyse. Beurteilung von Abschlüssen nach HGB und IFRS, 8. Auflage, Stuttgart, Schäffer-Poeschel Verlag, 2006
Lachnitt, L.:	Bilanzanalyse, 1. Auflage, München, Gabler Verlag, 2003
Nöldeke, M.:	Expectations Guidance in Public Companies - An Examination of Management Forecast Disclosure in Germany and Switzerland, Zürich, Versus Verlag, 2007
Peemöller, V.:	Bilanzanalyse und Bilanzpolitik, 3. Auflage, München, Gabler Verlag, 2003
Schredelseker, K.:	Grundlagen der Finanzwirtschaft, 1. Auflage, München, Oldenbourg Wissenschaftsverlag, 2002
Trueman, B.; Titman, S.:	An Explanation for Accounting Income Smoothing, in: Journal of Accounting Research, Vol. 26, S. 127-139, 1988
Wagenhofer, A.; Ewert, R.:	Externe Unternehmensrechnung, 1. Auflage, Berlin, Springer Verlag, 2007
Weber, J.:	Einführung in das Rechnungswesen I Bilanzierung, 3. Auflage, Stuttgart, Schäffer-Poeschel Verlag, 1993
Wohlgemuth, F.:	IFRS: Bilanzpolitik und Bilanzanalyse, 1. Auflage, Berlin, Erich Schmidt Verlag, 2007
Zimmermann, R.-C.:	Abschlussprüfer und Bilanzpolitik der Mandanten, 1. Auflage, München, Gabler Verlag, 2008
o.V.	http://www.manager-magazin.de/geld/artikel/0,2828,33146,00.html, 28.06.2009